글 **이사벨 토머스**
인물, 과학, 자연 분야의 어린이 책 작가이자 편집자예요. 지금까지 140종이 넘는 어린이 책을 출간했으며 영국 왕립학회 아동 청소년 도서상, 블루 피터 북 어워즈, ASE 올해의 책 등에 최종 후보로 올랐어요.

그림 **해나 워런**
런던에 살고 있는 일러스트레이터예요. 1960년대 복고풍 디자인과 여행 포스터에서 영감을 받은 강하고 컬러풀하며 기발한 그림을 그려요. 영국왕립예술학교를 졸업한 뒤 잡지 〈스텔라〉, 출판사 '파이던', '템스&허드슨'과 함께 일하고 있어요.

옮김 **서남희**
서강대에서 역사와 영문학을, 대학원에서 서양사를 공부했어요. 지은 책으로 《그림책과 작가 이야기》 시리즈가 있고, 《모자를 보았어》, 《세계사 박물관》, 《구텐베르크 책 이야기》, 《어린이로 사는 건 너무 힘들어!》 등 많은 책을 우리말로 옮겼어요.

감수 **김광수** (한국외대 아프리카연구소 HK교수)
한국외대 아프리카어과를 졸업하고 남아프리카공화국 노스-웨스트 대학교에서 박사 학위를 받았어요. 서울대와 고려대에서 강의했고, 한국아프리카학회 등 여러 학회에서 활동하고 있답니다. 《스와힐리어 연구》, 《남아프리카사》(공저) 등 여러 책을 짓고 번역했으며, 다수의 아프리카 관련 논문을 발표했어요.

Dear People
디어 피플

넬슨 만델라

Dear People 디어 피플 시리즈는 역사에 이름을 남긴 위대한 사람들의
삶을 새롭게 살펴보고, 그들의 생각을 가까이 엿볼 수 있는 인물 시리즈입니다.

NELSON MANDELA

넬슨 만델라

초판 1쇄 발행 2018년 11월 23일 | 초판 7쇄 발행 2025년 7월 21일
글 이사벨 토머스 | 그림 해나 워런 | 옮김 서남희 | 감수 김광수
발행인 윤승현 | 편집장 안경숙 | 편집 김선현 | 디자인 권석연
마케팅 정지운, 박현아, 김지윤, 황지영 | 제작 신홍섭 | 국제업무 장민경, 오지나
펴낸곳 (주)웅진씽크빅 | 주소 경기도 파주시 회동길 20 (우)10881
문의전화 031)956-7523(편집), 031)956-7569, 7570(마케팅)
홈페이지 www.wjjunior.co.kr | 블로그 blog.naver.com/wj_junior | 인스타그램 @woongjin_junior
출판신고 1980년 3월 29일 제406-2007-00046호
제조국 대한민국 | 사용연령 7세 이상
원제 LITTLE GUIDES TO GREAT LIVES: NELSON MANDELA
한국어판 출판권 ©웅진씽크빅, 2018
ISBN 978-89-01-22845-7 978-89-01-22842-6(세트) 74990

LITTLE GUIDES TO GREAT LIVES: NELSON MANDELA
written by Isabel Thomas, illustrations Hannah Warren
Illustrations © 2018 Hannah Warren.
The original edition of this book was designed, produced
and published in 2018 by Laurence King Publishing Ltd.,
London under the title *Little Guides to Great Lives: Nelson Mandela*.
All rights reserved.
This Korean edition was published by Woongjin Think Big Co., Ltd.
in 2018 by arrangement with Laurence King Publishing Ltd.,
London through KCC(Korea Copyright Center Inc.), Seoul.

웅진주니어는 (주)웅진씽크빅의 유아·아동·청소년 도서 브랜드입니다.
이 책은 (주)한국저작권센터(KCC)를 통한 저작권자와의 독점계약으로 (주)웅진씽크빅에서 출간되었습니다.
저작권법에 의해 한국 내에서 보호를 받는 저작물이므로 무단전재와 복제를 금합니다.
이 책 내용의 전부 또는 일부를 이용하려면 반드시 저작권자와 (주)웅진씽크빅의 서면 동의를 받아야 합니다.
잘못 만들어진 책은 바꾸어 드립니다.

⚠ 1. 책 모서리가 날카로워 다칠 수 있으니 사람을 향해 던지거나 떨어뜨리지 마십시오.
   2. 보관 시 직사광선이나 습기 찬 곳은 피해 주십시오.

Dear People
디어 피플

NELSON MANDELA
넬슨 만델라

글 이사벨 토머스 ★ 그림 해나 워런
옮김 서남희 ★ 감수 김광수

웅진주니어

넬슨 만델라는 어떤 사람일까요?

넬슨 만델라는 남아프리카 공화국 최초의 흑인 대통령이에요. 만델라가 살아온 이야기는 특별해요. 단지 한 사람에 대한 이야기가 아니라, 자유를 위해 싸운 한 나라의 역사가 담겨 있기 때문이지요.

이 이야기는 만델라가 태어난 남아프리카 공화국의 자그마한 마을에서부터 시작돼요. 만델라는 구불구불한 언덕과 푸른 골짜기로 둘러싸인 곳에서 자유를 만끽하며 자랐어요.

그러나 점차 나이가 들면서, 만델라는 남아프리카 공화국의 흑인들이 사실은 전혀 자유롭지 않다는 사실을 깨달았어요. 오직 백인들만 투표를 할 수 있었고, 나라의 운영에 대해서도 목소리를 낼 수 있었지요. 여기에 반대하는 의견을 말하는 일은 위험했지만, 만델라는 두려움에 굴복하지 않고 세상을 바꾸기 위해 나섰어요.

만델라의 부모님은 만델라를 '롤리랄라'라고 불렀어요. 템부족*의 말로 "나뭇가지를 잡아당기다.", 그러니까 '말썽꾸러기'란 뜻이랍니다!

가들라 헨리 음파카니스와
만델라의 아버지, 템부족의 추장

롤리랄라 만델라
1918년 7월 18일 출생

노세케니 패니
만델라의 어머니

만델라의 가족은 마을에서 영향력이 있었고 존경을 받았지만, 부유하게 살지는 않았어요. 이들은 진흙으로 벽을 세운 소박한 오두막에 살면서 베개 없이 돗자리에서 잠을 잤고, 화덕에 밥을 지어 먹었어요.

마을에서는 남자들이 집에서 멀리 떨어진 농장이나 금광으로 일하러 간 동안, 여자들과 아이들은 농작물과 가축을 돌보았어요.

롤리랄라는 다섯 살이 되자 양과 염소를 몰면서 가족을
돕기 시작했어요. 그러다 틈이 나면 친구들과 함께 마을을
돌아다니며 모험을 즐겼지요…….

틴티 놀이 하는 법
막대 두 개를 30미터 정도 거리를 두고 땅에 꽂아 과녁으로 삼아요.
두 팀으로 나눈 뒤, 각 팀은 막대기를 던져 상대의 과녁을 쓰러뜨려야
해요. 동시에 자기 팀 과녁을 지키고, 던진 막대기를 상대 팀이 노로
줍지 못하도록 막아야 해요!

어느 날, 만델라 가족은 그들의 친구로부터 롤리랄라를 학교에 보내는 게 좋겠다는 조언을 들었어요. 롤리랄라는 뿌듯하고 신이 났어요. 식구들 중에서 처음으로 학교에 다니게 되었거든요.

선교사*들이 운영하는 학교에서는 학생들에게 영국의 생각과 문화를 가르쳤어요. 학교에 간 첫날, 선생님은 아이들에게 영국식 이름을 새로 지어 주었어요.

만델라는 가족들에게 아프리카의 문화와 관습을 배웠어요. 어머니는 다른 사람들에게 친절을 베푸는 내용을 담은 우화를 들려주었어요. 아버지는 역사적인 전투와 전사에 대한 이야기를 해 주었지요. 또한 친구들과 신나게 노는 와중에도 배울 점이 있었어요.

"한번은 당나귀가 나를 가시덤불로 내동댕이쳤다.

정말 창피했다!

나는 절대 다른 사람을 비웃지 않겠다고 다짐했다."

만델라는 행복과 자유로움을 느끼며 자랐어요. 하지만 열두 번째 생일이 지난 어느 날, 만델라의 아버지가 세상을 떠났어요. 그리고 만델라의 삶에 변화가 일어나기 시작했어요.

템부족의 왕, 용긴타바는 만델라에게 새로운 집에서 살지 않겠냐고 제안했어요. 음케케즈웨니 마을에 위치한 왕궁은 굉장히 멋진 곳으로 유명했어요. 음케케즈웨니는 만델라가 사는 마을에서 그다지 멀지 않았지만, 만델라에게는 전혀 다른 세상이었어요.

모든 것이 새롭고 흥미진진했어요. 만델라가 '용기 아저씨'라고 부르며 따랐던 용긴타바와 그의 부인은 만델라를 친아들인 저스티스와 똑같이 대했어요. 두 소년은 형제처럼 가까워졌답니다.

용긴타바 달린드예보
템부족의 왕

용긴타바는 미래의 템부족 지도자들에게 만델라가 훌륭한 조언자가 될 거라고 생각했어요. 만델라는 최고 수준의 학교를 다니며 열심히 공부했고, 성적도 뛰어났어요.

만델라한테 '할아버지'라는 별명을 지어 줬어. 만델라는 정말 진지하거든!

또한 만델라는 주위를 둘러보며 끊임없이 배웠어요. 템부족은 종종 왕궁에 모여서 가뭄이나 새로운 법률 같은 여러 문제들을 의논하곤 했어요. 만델라는 부족 회의가 열릴 때마다 그 모습을 주의 깊게 지켜보았답니다.

만델라는 미래에 이루고 싶은 꿈이 있었어요. 바로 통역사나 사무원이 되고 싶었답니다. 그 당시 남아프리카 공화국에서 흑인이 가질 수 있는 가장 좋은 직업이었기 때문이에요.

만델라는 흑인 학생들이 다니는 남아프리카 공화국의 명문 대학교, 포트 하레에서 공부를 시작했어요. 그리고 그곳에서 일생을 함께할 친구, 올리버 탐보를 만났어요. 하지만 만델라의 꿈은 오래가지 못했어요.

대학교 2학년 때, 만델라는 대학교 식당 밥의 질을 높이려고
일어난 학생 항의 운동*에 참여했어요. 그 때문에 만델라와
올리버는 퇴학당하고 말았지요.

"나는 타협을 해야 한다는 것을
알고 있었지만, 내 마음속 무언가가
나를 막았다. 그것은 내가 내렸던
결정 가운데 가장 힘든 결정이었다.
그러나 타협하지 않은 것이
올바른 결정이라고 느꼈다."

만델라는 음케케즈웨니 마을로 돌아갔지만, 상황은 더욱 나빠졌어요.
용긴타바는 크게 화를 냈고, 만델라와 저스티스가 한곳에 정착하도록 각각
결혼을 시키려고 했어요. 만델라와 저스티스는 몰래 도망갈 계획을 세웠어요.

1941년, 만델라와 저스티스는 고향을 떠나 남아프리카 공화국에서 가장 큰 도시인 요하네스버그로 갔어요. 그곳은 황금의 도시로 불렸어요. 둘은 금광에서 일자리를 얻고 새로운 삶을 살아가려고 했지요.

두 사람이 요하네스버그에서 처음으로 본 것은 반짝이는 불빛들이 만든 미로였어요. 시골에서는 전기가 매우 귀했기 때문에, 만델라는 한곳에서 그토록 많은 전깃불을 본 적이 없었어요.

다음 날, 만델라와 저스티스는 금광에서 일자리를 구했어요.
그리고 백인 광산주들만이 부유하다는 사실을 깨달았어요.
흑인 노동자들은 오두막에 살면서 콘크리트 침대에서 잠을 잤고,
오랜 시간 일을 했지만 돈은 매우 적게 받았어요.

일을 시작한 지 얼마 되지 않아 만델라와 저스티스는 현장 감독의
사무실로 불려 갔어요. 용긴타바가 두 사람을 찾아냈던 거예요!

만델라는 요하네스버그에 계속 머무르기 위해 새로운 계획을 생각해 냈어요. 학위를 따고 변호사가 되기로 결심했지요.

친구 월터 시술루의 도움으로 만델라는 법률 사무소의 직원으로 일하게 되었어요. 만델라는 낮에는 부지런히 일했고, 밤에는 열심히 공부했어요.

월터 시술루
부동산 중개인 &
미래의 ANC* 지도자

만델라는 알렉산드라 흑인 거주 구역*에 살았어요. 그곳은 사람들이
넘쳐 나며, 도시에서 가장 가난한 지역이었어요. 전기와 수도도
설치되지 않은 곳이었지요. 그러나 이곳은 남아프리카 공화국에서
흑인들이 땅을 살 수 있도록 허락된 지역 가운데 하나였어요.
그 조그마한 자유 덕분에 만델라는 마음이 편안해졌답니다.

요하네스버그에서 만델라는 남아프리카 공화국
곳곳에서 온 흑인과 백인들을 만났어요. 흑인도
백인과 똑같은 권리*를 지녀야 한다고 생각하는
사람들이었지요.

만델라의 새로운 친구들 중에는 ANC(아프리카 민족 회의)의 회원들도 있었어요. ANC는 백인이 아닌 아프리카인들이 백인들로만 이루어진 정부의 지배*를 받지 않고, 투표권을 얻기를 바랐어요.

만델라는 모임에 참석하기 시작했고, ANC에서 더욱 열심히 활동했어요. 또한 만델라는 제도를 바꾸고 싶어 했어요.

"왜 나의 춤이 나의 피부색으로 결정되어야 할까?"

투표함

ANC는 30년이 넘도록 자유를 위해 싸우고 있었어요. 하지만 흑인들의 상황은 좋아지기는커녕 점점 나빠지는 것만 같았지요.

1944년, 만델라와 월터 시술루와 올리버 탐보는
아프리카 민족 회의 청년 연맹*을 조직했어요. 이들은 더 많은
지지자를 모으고, 백인 정부에 자신들의 뜻을 알리고 싶어 했어요.

그러나 연설과 모임을 해도 변화가 일어나지는 않았어요.
아프리카 민족 회의 청년 연맹은 거리를 행진하며 시위를 하기로 했어요.

마하트마 간디

만델라는 마하트마 간디에게서 영감을 받았어요. 간디는 영국의
지배에서 벗어나기 위해 인도의 비폭력 저항 운동을 이끌고 있었어요.

그러나 흑인들이 저항하면 할수록, 백인 정부는 변화를 억누르려고 더욱 노력했어요. 1948년에는 "언제나 백인들만이 지배자가 되어야 한다."라는 구호를 내세운 새로운 정부가 선출되었지요.

그들은 아파르트헤이트*라는 인종 차별적인 분리 정책을 펼쳤어요. 이에 따라 남아프리카 공화국의 백인들과 백인이 아닌 다른 인종인 사람들은 서로 분리된 채 살아야 했지요.

흑인과 백인은 따로 떨어진 학교와 교회에 다녔고, 해변마저도 구분되어 있었어요. 서로 다른 버스와 급수대를 이용해야 했고, 관공서와 가게의 출입구조차 구분되었어요. 백인과 흑인은 결혼할 수도 없었어요. 카페에서는 한자리에 앉을 수 없었고, 함께 운동도 하지 못했답니다.

만약 흑인이 이러한 규칙을 어기면, 법률 위반으로 감옥에 갇힐 수도 있었어요.

아파르트헤이트는 굉장히 충격적이었어요. 만델라와 친구들은 그 어느 때보다도 마음을 단단히 먹었답니다.

1952년, ANC는 불복종 운동*이라는 평화 시위를 시작했어요. 이들은 감옥에 갈 각오를 하고 우체국과 상점, 기차에 붙은 백인 전용 표지를 무시했어요.

불복종 운동은 남아프리카 공화국 전체에 퍼져 나갔어요. 만델라를 포함해서 체포된 사람들만 8,500명이 넘었지요. 이들은 며칠간의 감옥살이쯤은 두렵지 않다는 걸 몸소 증명했어요.

인종 차별법은 여전히 그대로였지만, 수만 명에 달하는 새로운 회원들이 가입하면서 ANC는 점점 더 강해졌어요.

백인 정부는 만델라와 ANC 지도자들이 아파르트헤이트에 반대하는 모임이나 시위에 참석하지 못하도록 활동을 금지했어요. 그러나 만델라는 몰래 활동을 계속했어요. 자유를 위한 투쟁이 그의 삶 자체가 되었던 거예요.

만델라는 이제 변호사 자격증도 있었어요. 1952년, 만델라는 친구 올리버 탐보와 함께 법률 사무소를 차렸어요.

그곳은 남아프리카 공화국에서 흑인 변호사들이 차린 유일한 법률 사무소였고, 대기실은 늘 붐볐어요. 아파르트헤이트 정책 아래에서 법을 어기기는 정말 쉬웠어요. 수천 명이 일상적인 행동을 하다가 범죄를 저질렀다며 기소되었답니다.

아파르트헤이트 법에 따르면 백인과 백인이 아닌 사람들은 분리된 지역에서 살아야 했어요. 이 때문에 강제로 집에서 쫓겨난 사람들이 매주 만델라와 올리버에게 도움을 청하러 왔지요.

만델라와 올리버가 아무리 변호를 잘해도, 그리고 ANC가 아무리 열심히 불복종 운동을 벌여도, 이런 일들을 막을 수는 없었어요.

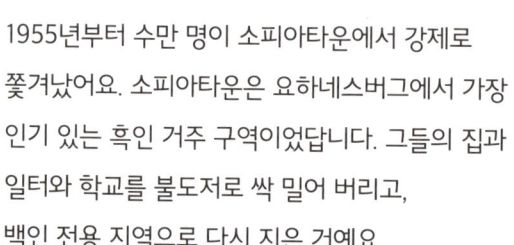

1955년부터 수만 명이 소피아타운에서 강제로 쫓겨났어요. 소피아타운은 요하네스버그에서 가장 인기 있는 흑인 거주 구역이었답니다. 그들의 집과 일터와 학교를 불도저로 싹 밀어 버리고, 백인 전용 지역으로 다시 지은 거예요.

만델라는 ANC의 저항 방법이 달라져야 한다고 생각했어요.

"비폭력 불복종 운동에서 내가 얻은 교훈은, 결국 우리에게 무장 폭력 저항 외에는 대안이 없다는 것이었다. 연설……, 위협, 행진, 파업……, 자발적인 감옥살이 등 우리의 무기고에 있는 비폭력적인 무기들을 반복해서 써 보았지만, 아무 소용이 없었다. 왜냐하면, 무엇을 하든 우리에게 돌아온 것은 혹독한 억압뿐이었기 때문이다."

변화를 위해 싸우는 다른 단체들과 힘을 합쳐,
ANC는 국민 회의*를 결성했어요.
이들은 함께 자유 헌장*을 썼어요.
그것은 모든 남아프리카 공화국 국민들의
자유와 민주주의를 위해 싸우겠다는
약속이었어요.

자유 헌장

우리, 남아프리카 공화국의 국민들은
– 서로 평등하며, 같은 나라에 살고 있는,
형제인 흑인과 백인 – 함께
이 **자유 헌장**을 채택한다.

우리는 여기에 쓰인 민주적인 변화들이
마침내 이루어질 때까지 힘과 용기를 다하여
함께 노력하겠다고 서약한다.

1. 국민이 국가를 다스린다.
2. 전국의 모든 단체는 똑같은 권리를 지닌다.
3. 국민들은 국가의 부를 함께 나누어 가진다.
4. 토지는 직접 농사짓는 사람들이 함께 나누어 가진다.
5. 모든 사람은 법 앞에 평등하다.
6. 모든 사람이 평등한 인권을 누린다.
7. 일자리와 안전이 보장된다.
8. 배움과 문화의 문이 열린다.
9. 안전하고 편안한 주거 환경이 제공된다.
10. 평화와 우정을 누린다.

백인 정부는 자유 헌장을 반기지 않았어요. 1956년 12월 5일 해가 뜬 뒤, 만델라는 문을 쾅쾅 두드리는 소리를 들었어요. 그리고 국민 회의 및 ANC의 지도자 153명과 올리버, 월터와 함께 체포되었어요.

이들은 모두 반역죄*로 기소되었어요. 폭력을 사용해 백인 정부를 없애려고 모의했다는 혐의였지요.

재판은 4년 넘게 계속됐어요. 검사*는 피고인*들이 폭력을 쓸 계획이었다는 것을 입증할 수 없었고, 1961년에 이들은 무죄 판결을 받았어요.

그러나 재판 중에 끔찍한 일이 일어났어요.

뉴스

통행증 반대 시위 유혈 사태를 빚다

폭동으로 사망 69명, 부상 180명

1960년 3월 21일에 5,000명이 넘는 사람들이
흑인 거주 구역인 샤프빌의 경찰서 앞에 모였어요.
흑인은 집 밖으로 나갈 때 통행증*을 늘 가지고
다녀야 하며, 이를 어길 경우 30일간 감옥에
갇힐 수 있다는 법에 저항하기 위해서였지요.
이들은 모두 통행증을 집에 두고 나왔어요.
시위자들 가운데 일부는 돌을 던지기도 했지만,
모두 총을 가지고 있지 않았어요. 하지만 장갑차에
탄 경찰은 시위자들에게 총을 쏘았어요.
결국 69명이나 목숨을 잃고 말았어요.

만델라는 자취를 감추었고, 변장의 달인이 되었어요. 신문에서는 경찰의 체포망을 능숙하게 피하기로 유명한 인물인 '스칼릿 핌퍼넬'의 이름을 따서 만델라를 '블랙 핌퍼넬'이라고 불렀어요.

전 세계 사람들이 남아프리카 공화국의 아파르트헤이트 법률을 비판하기 시작했어요. 그러나 백인 정부와 경찰은 그 어떤 비난도 받아들이지 않았어요. 그 대신 그들은 ANC를 비난했고, 모든 조직적인 활동을 금지했어요. 하지만 만델라와 ANC는 포기하지 않았어요.

수염 난 일반인

요리사

ANC는 자유를 위해 다른 방법으로 투쟁하기로 결심했어요.
만델라는 편지를 써서 신문사에 보냈어요.

> 나는 남아프리카 공화국을
> 떠나지 않을 것이며,
> 굴복하지도 않을 것입니다.
> 역경과 희생과 무력을 통해서만
> 자유를 얻을 수 있습니다.
> 투쟁은 나의 삶입니다.
> 나는 죽는 날까지 계속해서
> 자유를 위해 싸울 것입니다.

만델라는 비밀 군대 '민족의 창*'을 조직하는 ANC를 도왔어요. 그리고 다른 나라를 돌아다니며 도움을 요청했으며, 군사 훈련을 받기도 했답니다.

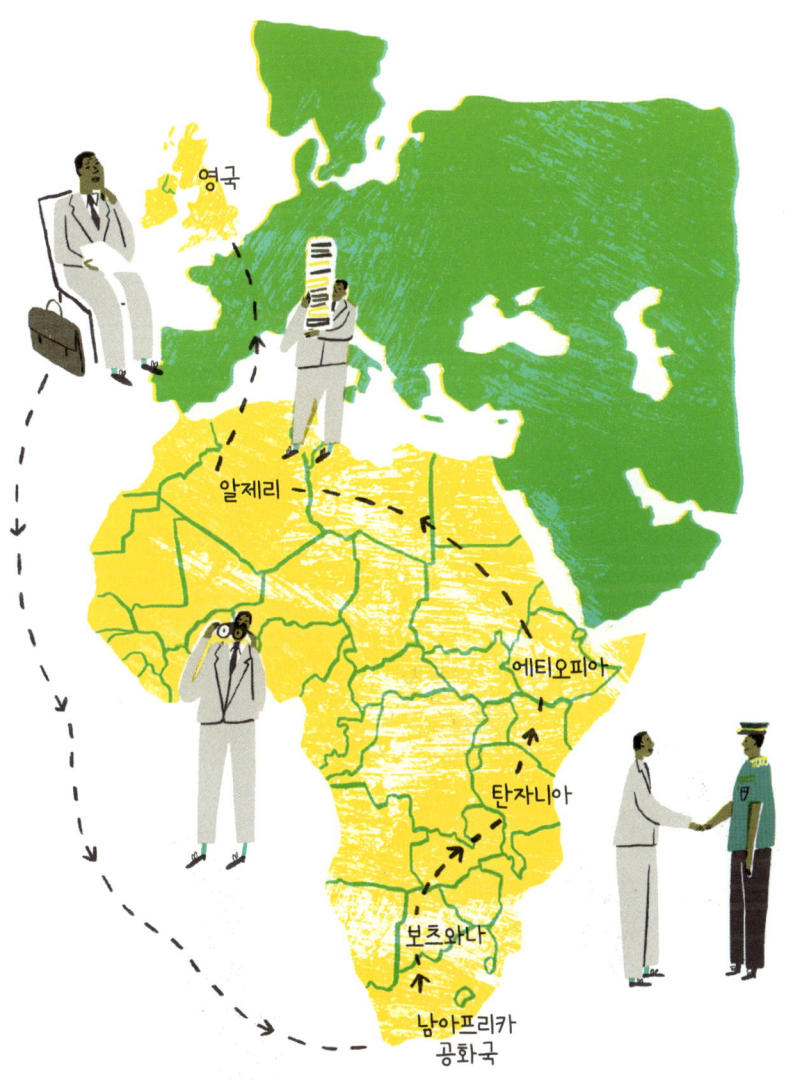

만델라는 1962년에 새로운 이름으로 위조한 여권을 가지고 남아프리카 공화국으로 돌아왔어요. 그러나 변장한 상태에서 검문에 걸려 체포되고 말았어요.

만델라는 월터를 비롯한 일곱 명과 함께 태업*과 정부 전복 음모를 꾸민 혐의로 기소되었어요. 경찰은 '민족의 창' 본부에서 무기들을 발견했어요.

만약 유죄로 판결이 나면, 이들은 사형 선고를 받을 수도 있었어요.

재판은 1963년 10월에 시작되었어요. 1964년, 만델라는 피고석에서 유명한 연설을 시작했어요. 네 시간 동안 만델라는 혐의 일부를 인정하는 동시에, 자신이 왜 그렇게 행동했는지를 설명했어요.

"나는 지금까지 아프리카 사람들의 **투쟁**에 나 자신을 바쳤습니다. 나는 백인의 지배에 맞서 싸웠고, 흑인의 지배에도 맞서 싸웠습니다. 나는 민주적이고 **자유로운 사회**라는 이상을 소중히 여겨 왔습니다……. 나는 바로 그 이상을 꿈꾸고 이루기 위해 살아온 것입니다. 그러나 필요하다면, 나는 그 이상을 위해 **죽을 각오**가 되어 있습니다."

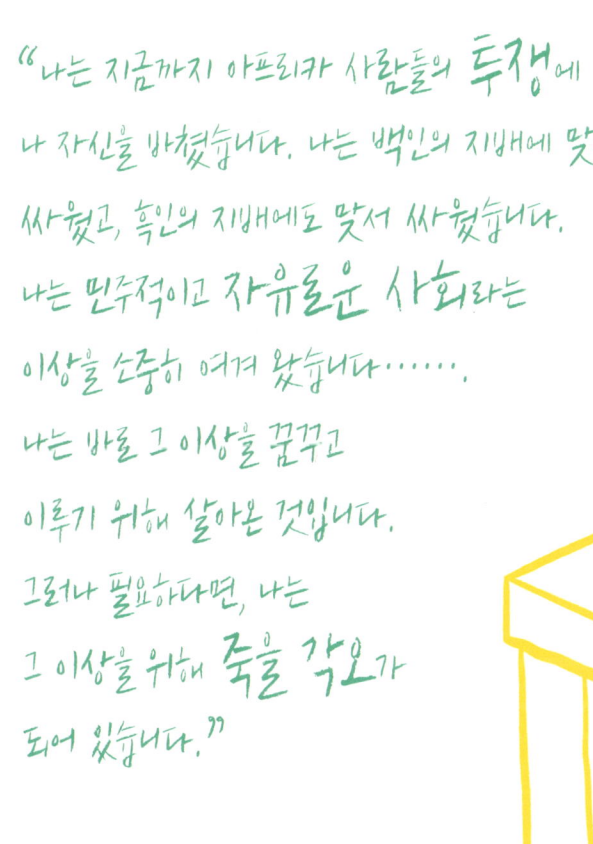

만델라와 일곱 명의 사람들은 유죄 판결을 받았어요.
이들은 사형이 아닌 무기 징역을 선고받았어요.

그때 만델라의 나이는 46세였어요.

만델라는 남아프리카 공화국의 로벤 섬에 있는, 경비가 삼엄한 감옥에 갇혔어요.

만델라가 갇힌 수용실은 매우 작았고, 얇은 담요와 화장실을 대신하는 양동이만 있었어요. 만델라는 날마다 감옥 안마당에서 묵묵히 망치로 돌을 쪼아 자갈을 만들었어요.

"내가 얼마나 오래 머물지 알 수 없었기에, 그 작고 비좁은 공간은 나의 집이 되었다."

하루하루가 어제와 똑같이 흘러갔어요. 시간이 그대로 멈춰 버린 것만 같았지요.

시간의 흐름을 놓치지 않기 위해, 만델라는 감옥 벽을 달력 삼아 그날그날을 표시하기 시작했어요.

감옥살이를 시작하면서 만델라에게는 1년에 방문객은 한 명, 편지는 6개월마다 한 통만이 허용되었어요. 하지만 감옥에 도착한 편지에서 뉴스 부분은 지워지거나 잘려 나갔어요. 라디오나 신문이 없어서 죄수들은 바깥세상에서 무슨 일이 일어나는지 거의 알 수 없었어요.

감옥에 갇힌 지 5년이 지난 어느 날, 만델라는 전보 한 통을 받았어요.
맏아들이 교통사고로 세상을 떠났다는 소식이었어요.

"나는 수용실로 돌아와 침대에 누웠다. 얼마나 오래 이곳에 갇혀 있어야 하는지 전혀 알 수가 없다……."

만델라가 감옥살이를 시작했을 때,
만델라와 ANC는 남아프리카 공화국에
곧 변화가 일어날 것이고, 죄수들은
1~2년 안에 풀려날 거라고 생각했어요.

하지만 만델라는 로벤 섬에서 18년을 보냈어요.

감옥 안에서 만델라는 죄수들의 권리를
위해 싸웠어요. 점차 환경이 나아졌어요.
마침내 만델라는 안마당에 텃밭을 일구어도
된다는 허락을 받았고, 그곳에서 토마토와
고추와 양파를 키웠어요. 조금이나마
자유를 느낄 수 있게 된 거예요.

감옥 밖에서는 자유를 위한 투쟁이 계속되었어요. 올리버 탐보는 남아프리카 공화국 밖에서 계속 ANC 활동을 했어요. 세계 여러 나라들이 남아프리카 공화국 정부에 압력을 넣었고, 시위를 벌이기 시작했어요. 1980년대에 ANC는 새로운 운동을 시작했어요.

1982년에 만델라와 월터는 본토의 폴스무어 감옥으로 옮겨졌고,
만델라는 감옥 옥상에 새로운 텃밭을 일구기 시작했어요.

남아프리카 공화국 정부는 만델라에게 ANC의 활동을 합법화해 줄 테니
투쟁을 멈추라고 제안했지만, 만델라는 거절했답니다.

1989년 12월, 만델라는 남아프리카 공화국의 새 대통령인 F. W. 데클레르크와 만나 새로운 남아프리카 공화국에 대해 이야기를 나눴어요. 한 달 뒤, F. W. 데클레르크 대통령은 ANC를 합법적인 단체로 인정했어요. 그건 만델라와 다른 정치범들이 곧 풀려날 거라는 의미였지요!

감옥에 갇힌 지 27년이 지난 1990년 2월 11일, 만델라는 감옥에서 걸어 나왔어요. 만델라의 나이는 71세였어요.

만델라는 아내와 자식들, 손주들을 껴안았어요. 10,000일이 넘는 시간 동안 길게 이어진 감옥살이가 마침내 끝난 거예요.

"군중 속에서 나는 주먹을 쥔 채 오른팔을 들어 올렸다. 그러자 함성이 울려 퍼졌다. 27년간 그런 경험을 할 수 없었던 나에게 힘과 기쁨이 파도처럼 밀려왔다."

만델라는 자신이 석방될 수 있도록 힘쓴 전 세계의 모든 이들에게 감사의 뜻을 전했어요. 그리고 남아프리카 공화국의 모든 사람들에게 평화를 위해 함께 힘쓰자고 말했어요.

1991년, 만델라는 ANC의 지도자가 되었어요.
그리고 F. W. 데클레르크 대통령과 함께 아파르트헤이트를
끝내고, 남아프리카 공화국에서 진정한 민주주의를 이루어
내자고 의견을 모았어요.

"만약 적과 평화롭게 지내고 싶다면,
적과 함께 일해야 한다.
그러면 적은 당신의 협력자가 될 것이다."

정부는 아파르트헤이트의 마지막 법을 폐기했어요.
1993년에 F. W. 데클레르크와 만델라는
함께 노벨 평화상*을 받았답니다.

그러나 만델라의 일은 아직 끝난 게 아니었어요. 1994년 4월 27일, 남아프리카 공화국 흑인 수백만 명에게 처음으로 투표가 허용되었어요.

그 결과 ANC가 승리했고, 넬슨 만델라는 남아프리카 공화국의 모든 국민이 투표에 참여해 뽑은 최초의 대통령이 되었어요.

이로써 자유를 향한 만델라의 오랜 여정이 끝나고, 새로운 남아프리카 공화국을 건설하기 위한 여행이 시작되었어요. 만델라는 대통령으로서 5년 동안 남아프리카 공화국의 흑인들이 더 나은 집에서 살고, 더 좋은 학교를 다니고, 더 나은 생활을 누릴 수 있도록 열심히 일했어요. 그래서 모든 이들이 평등하게 살기를 바랐지요.

만델라는 2013년 12월 5일에 95세의 나이로 세상을 떠났어요.
만델라의 이야기는 전 세계 사람들을 감동시켰어요. 만델라는 두려움을
극복하는 법을 배우고, 자기가 옳다고 여긴 대로 행동하는 평범한
사람이었어요. 만델라는 넘어질 때마다 다시 일어나 계속 나아갔어요.

해마다 7월 18일에 사람들은 만델라의 날을 기념해요.
이날 사람들은 다른 이들을 돕는 데 67분을 쓰면서,
만델라가 자유를 위해 싸운 67년을 기억한답니다.

여러분은 어떤 일을 할 건가요?

"다른 사람들의 삶이 변화할 수 있도록
쏟은 우리의 노력이
우리 삶의 의미를 결정할 것이다."

연대표

1918 7월 18일, 남아프리카 공화국에서 롤리랄라 만델라가 태어났어요.

1925 영국 선교사들이 운영하는 초등학교에 입학했어요. 첫날 교사가 '넬슨'이라는 영어 이름을 지어 줬어요.

1930 만델라의 아버지가 사망한 뒤, 템부족의 왕 용긴타바 달린드예보의 보호를 받게 되었어요.

1942 보다 평등한 사회를 위해 투쟁하는 단체, ANC(아프리카 민족 회의) 모임에 공식적으로 참석했어요.

1943 남아프리카 대학교에서 학사 학위를 받았으며, 비트바테르스란트 대학교 법학 과정에 입학했어요.

1944 월터 시술루, 올리버 탐보와 함께 아프리카 민족 회의 청년 연맹을 조직하며 본격적으로 정치 활동을 시작했어요.

에벌린 메이즈와 결혼했어요. 둘 사이에 네 명의 자녀가 태어나요.

1956 올리버, 월터와 153명의 국민 회의 및 ANC 지도자들이 체포됐어요. 모두 반역죄로 기소됐지요.

1958 에벌린 메이즈와 이혼하고, 놈자모 위니프리드 자니웨 마디키젤라와 결혼했어요. 둘 사이에서 두 명의 자녀가 태어나요.

1960 3월 21일, 샤프빌의 통행증 반대 시위에서 경찰이 69명을 학살했어요.

ANC의 활동이 금지되고, 조직은 자취를 감췄어요.

1964 유죄 판결을 받고 무기 징역을 선고받아요. 남아프리카 공화국에서 가장 보안이 삼엄한 로벤 섬의 감옥에 갇혔어요.

1969 아들 템베킬레가 교통사고로 사망했어요.

1982 월터와 함께 본토의 폴스무어 감옥으로 옮겨졌어요. 감옥의 옥상에 텃밭을 만들었지요.

1993 노벨 평화상을 받았어요.

1994 남아프리카 공화국 수백만 명의 흑인들이 처음으로 투표에 참여했어요. 만델라는 남아프리카 공화국 최초로, 모든 국민이 투표에 참여해 뽑은 대통령이 됐어요.

2013 12월 5일, 95세의 나이로 세상을 떠났어요.

1939 포트 하레 대학교 문학사 과정에 입학했어요.

1940 학생 운동에 참여한 뒤, 올리버 탐보와 함께 대학에서 퇴학당했어요.

1941 변호사가 되기로 결심하고, 요하네스버그의 법률 사무소 직원으로 일했어요. 남아프리카 대학교에서 공부를 다시 시작했어요.

1948 국민당이 집권하며 아파르트헤이트를 도입했어요. 백인과 백인이 아닌 아프리카 사람들이 강제로 분리됐어요.

1952 불복종 운동이 시작됐어요. 올리버 탐보와 남아프리카 공화국 최초로 흑인이 운영하는 법률 사무소를 세웠어요!

1955 사회 변화를 위해 투쟁하는 ANC와 여러 단체들이 결성한 국민 회의에서 남아프리카 공화국 국민들의 자유와 민주주의를 위해 투쟁하겠다고 약속하는 '자유 헌장'을 선언했어요.

1961 4년간의 재판 끝에 국민 회의와 ANC의 지도자들에게 무죄 판결이 내려졌어요! 아파르트헤이트에 반대하며 싸우는 비밀 군대 '민족의 창'의 결성을 도왔어요.

1962 비밀 군대 '민족의 창'의 지원을 위해 여러 나라를 다닌 뒤, 변장을 하고 남아프리카 공화국으로 돌아왔어요. 정체를 들키고 다른 일곱 명과 함께 반역죄로 체포됐어요.

1963 재판이 시작됐어요.

1985 아파르트헤이트 정책 반대 투쟁에서 폭력을 사용한 것이 잘못이라고 말하면 풀어 주겠다는 제안을 받았지만, 거절했어요.

1990 남아프리카 공화국의 새 대통령 F. W. 데클레르크가 ANC의 활동 금지를 풀고 2월 11일에 만델라를 석방했어요.

1991 ANC의 지도자가 됐어요. 계속해서 아파르트헤이트에 맞서 싸웠어요.

오늘날 불평등에 맞서는 사람들에게 거대한 영감의 원천으로 남아 있답니다.

넬슨 만델라

용어 해설

ANC(African National Congress, 아프리카 민족 회의) 흑인과 혼혈 아프리카인들의 투표권 투쟁을 위해 1912년에 결성된 정치 단체. 1960년부터 1990년까지 활동이 금지되어 오랫동안 비밀리에 활동했으며, 넬슨 만델라는 1991년에 의장으로 선출됐어요.

검사 법정에서 피고인이 유죄라는 것을 입증해야 하는 법관.

국민 회의 보다 공정한 사회를 만들기 위해 1950년대에 결성된 정치 단체 연합. 힘을 합치면 목표를 이룰 수 있는 기회가 더 많아진다는 점을 깨닫고 결성됐으며, 1955년에 자유 헌장을 선포했어요.

권리 투표권이나 깨끗한 식수를 마실 수 있는 권리와 같이, 어떤 일을 누리거나 할 수 있는 힘이나 자격.

노벨 평화상 스웨덴의 발명가 알프레드 노벨의 유언에 따라 인류 평화에 공헌한 사람이나 단체에 주는 국제적인 상. 노벨상 제정 당시에는 평화상을 비롯해 의학, 문학 등 다섯 부문에 상이 주어졌고, 나중에 경제학상이 새로 생겼어요.

민족의 창 ANC의 비밀 군대. 1961년 만델라가 아파르트헤이트에 맞서 싸우기 위해 조직했어요. 평화적인 시위에 정부가 전혀 반응을 보이지 않자 만들어졌답니다.

반역죄 정부나 정부의 지도자를 제거하기 위해 폭력적인 방법을 사용하여 조국을 배반한 죄.

불복종 운동 1952년에 ANC가 주도한 평화적 저항 운동. 시위자들은 감옥에 갇힐 위험을 무릅쓰고 '백인 전용' 우체국과 가게에 들어가고 기차를 탔어요. 결국 성공하지 못했지만, 많은 사람들이 아파르트헤이트에 맞서 싸우고 있다는 것을 보여 주었고 ANC를 지지하는 사람들이 더욱 많아졌어요.

선교사 자신들의 종교적 믿음을 다른 이들에게 전파하기 위해 해외로 파견된 종교 단체의 일원.

아파르트헤이트 '분리'를 뜻하며, 남아프리카 공화국의 흑인과 백인을 강제로 분리시켜 살게 하는 법률로 이루어진 정책. 1948년 국민당이 제안했으며, 1991년까지 지속되다가 F. W. 데클레르크 대통령이 폐기하기 시작했어요.

아프리카 민족 회의 청년 연맹 넬슨 만델라, 월터 시슐루, 올리버 탐보가 1944년에 만든 ANC의 하부 조직. 더 많은 젊은이들이 인종 차별에 맞서 싸울 수 있도록 하기 위해 결성했어요.

자유 헌장 1955년에 국민 회의가 작성한 문서. 그들이 바라는 남아프리카 공화국의 미래가 드러나 있어요. 수천 명에게서 어떤 자유를 누렸으면 하는지를 적은 편지를 받아, 그 내용을 자유 헌장에 담았어요.

지배 사람이나 조직에 힘을 발휘하거나 자기 뜻대로 다스림.

태업 일터에서 일부러 일을 느리게 하거나 하지 않으며 저항하는 행위. 특정 대상에게 손해를 주기 위한 행동이며, 정부와 같이 눈에 직접 보이지 않는 대상에 대해서도 태업할 수 있어요.

템부족 만델라와 그의 가족이 속한 남아프리카 공화국의 한 부족으로, 자신들만의 문화와 전통이 있어요.

통행증 아파르트헤이트 정책이 실시되는 동안 남아프리카 공화국의 모든 흑인들이 가지고 다녀야 했던 증명서. 살 수 있고 일할 수 있고 여행할 수 있는 장소가 쓰여 있었어요. 흑인들은 집 밖에 나갈 때면 언제나 통행증을 가지고 다녀야 했고, 이를 어기면 30일간 감옥에 갇힐 수 있었어요.

피고인 범죄로 기소되어 법원에서 죄가 있는지 없는지가 가려지는 사람.

항의 운동 종종 법이나 지도자들로 인해 느끼는 부당함에 저항하고, 변화를 바라며 계획하는 행동.

흑인 거주 구역 아파르트헤이트 정책이 실시될 때 남아프리카 공화국에서 흑인들만 살도록 허용된 교외나 마을. 보통 시 외곽에 있었고, 백인들이 사는 곳에서 누릴 수 있는 혜택을 동일하게 누리지 못하는 경우가 많았어요.

찾아보기

ANC(아프리카 민족 회의) 18, 20, 24-25, 26, 28-29, 30, 32, 37-38, 48, 51, 52-53, 56-57, 60, 61, 62

F. W. 데클레르크 53, 56, 61, 62

가들라 헨리 음파카니스와(만델라의 아버지) 6, 11, 60

국민 회의 30, 32, 60, 61, 62, 63

노벨 평화상 56, 60, 62

노세케니 패니(만델라의 어머니) 6, 11

로벤 섬 44, 49, 60

마하트마 간디 21

민족의 창 38, 40, 61, 62

불복종 운동 24-25, 28-29, 61, 62

샤프빌 35, 60

소피아타운 28

아파르트헤이트 22, 24, 26-27, 28, 37, 56, 61, 62, 63

아프리카 민족 회의 청년 연맹 21, 60, 62

알렉산드라 흑인 거주 구역 19

올리버 탐보 14-15, 21, 26, 28, 32, 51, 60, 61, 62

왕궁 12-13

요하네스버그 16, 18-19, 28, 61

용긴타바 달린드예보 12-13, 15, 17, 60

월터 시술루 18, 21, 32, 40, 52, 60, 62

음케케즈웨니 12, 15

자유 헌장 30-31, 32, 61, 62, 63

저스티스 달린드예보 12, 15, 16-17

템부족 6, 12-13, 60, 63

포트 하레 대학교 14, 61

출처

61쪽 사진 제공: 알레시아 피에르도메니코 / Shutterstock.com

만델라가 직접 한 말은 그의 자서전인 《만델라 자서전: 자유를 향한 머나먼 길》 (백 베이 북스, 뉴욕, 1995)에서 인용.